JOSEPH VON EICHENDORFF

Und es schweifen leise Schauer

Die schönsten Gedichte

Herausgegeben und mit einem Nachwort
von Karl-Heinz Ott

I Hoffmann und Campe I

Die Gedichte werden mit freundlicher Genehmigung
nach folgenden Ausgaben zitiert:
Joseph von Eichendorff: Gedichte, Versepen (Werke Bd. 1); hg. v. Hartwig
Schultz; Frankfurt a. M.: Deutscher Klassiker Verlag, 1987.
Joseph Freiherr von Eichendorff's sämmtliche Werke, 2. Aufl., 1. Band;
Leipzig: Voigt & Günther, 1864.

1. Auflage 2011
Copyright © 2011 by Hoffmann und Campe Verlag, Hamburg
www.hoca.de
Satz: Pinkuin Satz und Datentechnik, Berlin
Gesetzt aus der Sabon
Einbandgestaltung: Katja Maasböl
Druck und Bindung: GGP Media GmbH, Pößneck
Printed in Germany
ISBN 978-3-455-40332-9

Ein Unternehmen der
GANSKE VERLAGSGRUPPE

INHALT

Gedichte   9

Die Schauder des Schönen
Nachwort von Karl-Heinz Ott   97

Zeittafel zu Eichendorffs Leben und Werk   115

Zum Herausgeber   119

Verzeichnis der Gedichtüberschriften   121

Verzeichnis der Gedichtanfänge   125

Und es schweifen leise Schauer

MADRIGAL

O Strom auf morgenroten Matten!
Rubin, smaragden deine Wellen,
Dann in des blauen Mittags schwülen Schatten,
Rauschend in Abendglanz versunken,
Bis du der Nächte Licht getrunken,
So muß mein Leben rastlos quellen,
Sich selber lauschend oft das sel'ge Herze,
O Liebe süß, o Lust im Schmerze!

DER ARMEN SCHÖNHEIT LEBENSLAUF

Die arme Schönheit irrt auf Erden,
So lieblich Wetter draußen ist,
Möcht' gern recht viel gesehen werden,
Weil jeder sie so freundlich grüßt.

Und wer die arme Schönheit schauet,
Sich wie auf großes Glück besinnt,
Die Seele fühlt sich recht erbauet,
Wie wenn der Frühling neu beginnt.

Da sieht sie viele schöne Knaben,
Die reiten unten durch den Wind,
Möcht' manchen gern am Arme haben,
Ach, hüte dich, du armes Kind!

Da ziehn viel redliche Gesellen,
Die sagen: »Hast nicht Geld, noch Haus,
Wir fürchten deine Augen helle,
Wir haben nichts zum Hochzeitsschmaus.«

Von andern tut sie sich wegdrehen,
Weil keiner ihr so wohlgefällt,
Die müssen traurig weiter gehen,
Und zögen gern ans End' der Welt.

Da sagt sie: »Was hilft mir mein Sehen,
Ich wünscht', ich wäre lieber blind,
Da alle furchtsam von mir gehen,
Weil so gar schön mein' Augen sind.« –

Nun sitzt sie hoch auf schlichtem Schlosse,
In schöne Kleider putzt sie sich,
Die Fenster glühn, sie winkt vom Schlosse,
Die Sonne blinkt, das blendet dich.

Die Augen, die so furchtsam waren,
Die haben jetzt so freien Lauf,
Das Kränzlein ist fort aus den Haaren,
Und hohe Federn stehn darauf.

Das Kränzlein ist herausgerissen,
So ohne Scheu sie dich anlacht,
Sie wird dich süß und heimlich grüßen,
Lockt dich zu einer schönen Nacht.

Da sieht sie die Gesellen wieder,
Die fahren unten auf dem Fluß,
Es singen laut die lustgen Brüder,
So furchtbar schallt des Einen Gruß:

»Was bist du für 'ne schöne Leiche!
So wüste wird mir meine Brust.
Wie bist du nun so arm, du Reiche,
Ich hab' an dir nicht weiter Lust!«

Der Wilde hat ihr so gefallen,
Laut schrie sie auf bei seinem Gruß,
Vom Schloß möcht' sie hinunterfallen,
Und unten ruhn im kühlen Fluß.

Sie blieb nicht länger mehr da oben,
Weil alles anders worden war,
Das Herz ist ihr so hoch erhoben,
Da wars so kalt und doch so klar.

Kein Stern wollt' nicht die Nacht erhellen,
Da mußte die Verliebte gehn,
Es rauscht' der Fluß, fern Hunde bellen,
Die Fenster still erleuchtet stehn.

Da legt sie ab die goldnen Spangen,
Den falschen Putz und Ziererei,
Aus dem verstockten Herzen drangen
Die alten Tränen wieder frei.

»Zu lieben und geliebt zu werden,
Ging ich bei schönem Wetter aus,
Nun liebt mich Keiner mehr auf Erden,
Jetzt ists so still, wär' ich zu Haus!«

Nun bist du frei von allen Sünden,
Die Lieb' zog triumphierend ein,
Du wirst noch hohe Gnade finden,
Die Seele geht im Hafen ein. –

Der Liebste war ein Jäger worden,
Der Morgen schien so rosenrot,
Da blies er lustig auf dem Horne,
Blies immerfort in seiner Not.

NACH EINEM BALLE

Der Tanz, der ist zerstoben,
Die Musik ist verhallt,
Wir stehen einsam droben,
Es wird so still und kalt.

Sind alle fortgezogen,
Der Morgen scheint so rot,
Ich steh am Fensterbogen
Und wünscht', ich wäre tot.

Mein Herz möcht mir zerspringen,
Darum so wein' ich nicht,
Darum so muß ich singen,
Bis daß der Tag anbricht.

Bis es beginnt zu tagen –
Der Strom geht still und breit.
Die Nachtigallen schlagen,
Mein Herz wird mir so weit.

Sie hat so weiße Rosen,
Sie ist so still und bleich,
Sie kann wohl fröhlich kosen,
So jung und schmerzenreich. –

Und laß sie gehn und treiben
Und wieder nüchtern sein,
Ich will wohl bei dir bleiben,
Ich will dein Liebster sein!

LIED

In einem kühlen Grunde,
Da geht ein Mühlenrad,
Mein' Liebste ist verschwunden,
Die dort gewohnet hat.

Sie hat mir Treu versprochen,
Gab mir ein'n Ring dabei,
Sie hat die Treu gebrochen,
Mein Ringlein sprang entzwei.

Ich möcht' als Spielmann reisen
Weit in die Welt hinaus,
Und singen meine Weisen
Und gehn von Haus zu Haus.

Ich möcht' als Reiter fliegen
Wohl in die blut'ge Schlacht,
Um stille Feuer liegen
Im Feld bei dunkler Nacht.

Hör' ich das Mühlrad gehen,
Ich weiß nicht, was ich will,
Ich möcht' am liebsten sterben,
Da wär's auf einmal still.

HEIMKEHR

Sind's die Häuser, sind's die Gassen?
Ach, ich weiß nicht, wo ich bin,
Hab' ein Liebchen hier gelassen,
Und manch Jahr ging seitdem hin.

Aus den Fenstern schöne Frauen
Sehn mir freundlich ins Gesicht,
Keine kann so frischlich schauen,
Als mein liebes Liebchen sicht.

An dem Hause pocht' ich bange –
Doch die Fenster stehen leer,
Ausgezogen ist sie lange
Und es kennt mich Keiner mehr.

Und ringsum ein Rufen, Handeln,
Musikanten fiedeln drein,
Herrn und Damen gehen und wandeln
Zwischendurch in bunten Reihn.

Zierlich bücken, freundlich blicken,
Manches flücht'ge Liebeswort,
Händedrücken, heimlich Nicken –
Nimmt sie all der Strom mit fort.

Und mein Liebchen sah ich eben,
Traurig in dem lust'gen Schwarm,
Und ein schöner Herr daneben
Führt sie stolz und ernst am Arm.

Doch verblaßt war Mund und Wange,
Und gebrochen war ihr Blick,
Seltsam schaut' sie, stumm und lange,
Lange noch auf mich zurück.

Und es endet Tag und Scherzen,
Durch die Gassen pfeift der Wind,
Keiner weiß, wie unsre Herzen
Wild von Schmerz zerrissen sind.

SONETT

Wir sind so tief betrübt, wenn wir auch scherzen;
Die Menschen tosen unten, gehn und reisen,
Die Welt zieht still und streng in ihren Gleisen,
Ein feuchter Wind verlöscht die lustgen Kerzen.

Du hast so schöne Worte tief im Herzen,
Du weißt so wunderbare, alte Weisen,
Und wie die Stern' am Firmamente kreisen,
Ziehn durch die Brust dir ewig Lust und Schmerzen.

So laß dein' Stimme hell' im Wald erscheinen,
Das Waldhorn fromm wird auf und nieder wehen,
Die Wasser gehn und Rehe einsam weiden.

Wir wollen stille sitzen und nicht weinen,
Wir wollen in den Rhein hinunter sehen,
Und wird es finster, nicht von sammen scheiden.

ES SASS EIN MANN GEFANGEN

Es saß ein Mann gefangen
Auf einem hohen Turm,
Die Wetterfähnlein klangen
Gar seltsam in den Sturm.

Und draußen hört' er ringen
Verworr'ner Ströme Gang,
Dazwischen Vöglein singen,
Und heller Waffen Klang.

Ein Liedlein scholl gar lustig:
Heisa, so lang Gott will!
Und wilder Menge Tosen,
Dann wieder totenstill.

So tausend Stimmen irren,
Wie Wind' im Meere geh'n,
Sich teilen und verwirren,
Er konnte nichts versteh'n.

Doch spürt' er, wer ihn grüße
Mit Schaudern und mit Lust,
Es rührt ihm wie ein Riese
Das Leben an die Brust.

DER KRANKE

Soll ich dich denn nun verlassen,
Erde, heit'res Vaterhaus?
Herzlich Lieben, mutig Hassen,
Ist denn alles, alles aus?

Vor dem Fenster durch die Linden
Spielt es wie ein linder Gruß,
Lüfte, wollt ihr mir verkünden,
Daß ich bald hinunter muß? –

Liebe, ferne, blaue Hügel,
Stiller Fluß im Tales-Grün,
Ach, wie oft wünscht' ich mir Flügel,
Über euch hinweg zu zieh'n!

Da sich jetzt die Flügel dehnen
Schaur' ich in mich selbst zurück,
Und ein unbeschreiblich Sehnen
Zieht mich zu der Welt zurück.

DER JÄGER ABSCHIED

Wer hat dich du schöner Wald
Aufgebaut so hoch da droben?
Wohl den Meister will ich loben,
So lang noch mein' Stimm' erschallt.
Lebe wohl,
Lebe wohl, du schöner Wald!

Tief die Welt verworren schallt,
Oben einsam Rehe grasen,
Und wir ziehen fort und blasen,
Daß es tausendfach verhallt:
Lebe wohl,
Lebe wohl, du schöner Wald!

Banner, der so kühle wallt!
Unter deinen grünen Wogen
Hast du treu uns auferzogen
Frommer Sagen Aufenthalt!
Lebe wohl,
Lebe wohl, du schöner Wald!

Was wir still gelobt im Wald,
Wollen's draußen ehrlich halten,
Ewig bleiben treu die Alten:
Deutsch Panier, das rauschend wallt,
Lebe wohl!
Schirm' dich Gott, du schöner Wald!

WEHMUT

Ich kann wohl manchmal singen,
Als ob ich fröhlich sei,
Doch heimlich Tränen dringen,
Da wird das Herz mir frei.

So lassen Nachtigallen,
Spielt draußen Frühlingsluft,
Der Sehnsucht Lied erschallen
Aus ihres Käfigs Gruft.

Da lauschen alle Herzen,
Und alles ist erfreut,
Doch keiner fühlt die Schmerzen,
Im Lied das tiefe Leid.

AN DIE ENTFERNTE

Denk ich, Du Stille, an Dein ruhig Walten,
An jenes letzten Abends rote Kühle,
Wo ich die teu're Hand noch durfte halten:
Steh' ich oft sinnend stille im Gewühle,
Und, wie den Schweitzer heim'sche Alphornslieder
Auf fremden Bergen, fern den Freunden allen,
Oft unverhofft befallen,
Kommt tiefe Sehnsucht plötzlich auf mich nieder.

Ich hab' es oft in Deiner Brust gelesen:
Nie hast Du recht mich in mir selbst gefunden,
Fremd blieb, zu keck und treibend Dir mein Wesen,
Und so bin ich im Strome Dir verschwunden.
O nenn' drum nicht die schöne Jugend wilde,
Die mit dem Leben und mit seinen Schmerzen
Mag unbekümmert scherzen,
Weil sie die Brust reich fühlt und ernst und milde!

Getrennt ist längst schon uns'res Lebens Reise,
Es trieb mein Herz durch licht' und dunkle Stunden.
Dem festern Blick erweitern sich die Kreise,
In Duft ist jenes erste Reich verschwunden –
Doch, wie die Pfade einsam sich verwildern,
Was ich seitdem, von Lust und Leid bezwungen,
Geliebt, geirrt, gesungen:
Ich knie' vor Dir in all' den tausend Bildern.

ZWIELICHT

Dämmrung will die Flügel spreiten,
Schaurig rühren sich die Bäume,
Wolken zieh'n wie schwere Träume –
Was will dieses Grau'n bedeuten?

Hast ein Reh du, lieb vor andern,
Laß es nicht alleine grasen,
Jäger zieh'n im Wald' und blasen,
Stimmen hin und wieder wandern.

Hast du einen Freund hienieden,
Trau ihm nicht zu dieser Stunde,
Freundlich wohl mit Aug' und Munde,
Sinnt er Krieg im tück'schen Frieden.

Was heut müde gehet unter,
Hebt sich morgen neugeboren.
Manches bleibt in Nacht verloren –
Hüte dich, bleib' wach und munter!

AN FOUQUÉ

Seh ich des Tages wirrendes Beginnen,
Die bunten Bilder flieh'n und sich vereinen,
Möcht' ich das schöne Schattenspiel beweinen,
Denn eitel ist, was jeder will gewinnen.

Doch wenn die Straßen leer, einsam die Zinnen
Im Morgenglanze wie Kometen scheinen,
Ein stiller Geist steht auf den dunklen Steinen,
Als wollt' er sich auf alte Zeit besinnen:

Da nimmt die Seele rüstig sich zusammen,
An Gott gedenkend und an alles Hohe,
Was rings gedeihet auf der Erden Runde.

Und aus dem Herzen lang verhalt'ne Flammen
Sie brechen fröhlich in des Morgens Lohe,
Da grüß' ich, Sänger, Dich aus Herzensgrunde!

STÄNDCHEN

Schlafe, Liebchen, weil's auf Erden
Nun so still und seltsam wird!
Oben gehn die goldnen Herden,
Für uns alle wacht der Hirt.

In der Ferne ziehn Gewitter;
Einsam auf dem Schifflein schwank,
Greif' ich draußen in die Zither,
Weil mir gar so schwül und bang.

Schlingend sich an Bäum' und Zweigen
In dein stilles Kämmerlein,
Wie auf goldnen Leitern, steigen
Diese Töne aus und ein.

Und ein wunderschöner Knabe
Schifft hoch über Tal und Kluft,
Rührt mit seinem goldnen Stabe
Säuselnd in der lauen Luft.

Und in wunderbaren Weisen
Singt er ein uraltes Lied,
Das in linden Zauberkreisen
Hinter seinem Schifflein zieht.

Ach, den süßen Klang verführet
Weit der buhlerische Wind,
Und durch Schloß und Wand ihn spüret
Träumend jedes schöne Kind.

NACHTLIED

Vergangen ist der lichte Tag,
Von ferne kommt der Glocken Schlag;
So reis't die Zeit die ganze Nacht,
Nimmt manchen mit, der's nicht gedacht.

Wo ist nun hin die bunte Lust,
Des Freundes Trost und treue Brust,
Des Weibes süßer Augenschein?
Will keiner mit mir munter sein?

Da's nun so stille auf der Welt,
Zieh'n Wolken einsam über's Feld,
Und Feld und Baum besprechen sich, –
O Menschenkind! was schauert dich?

Wie weit die falsche Welt auch sei,
Bleibt mir doch Einer nur getreu,
Der mit mir weint, der mit mir wacht,
Wenn ich nur recht an Ihn gedacht.

Frisch auf denn, liebe Nachtigall,
Du Wasserfall mit hellem Schall!
Gott loben wollen wir vereint,
Bis daß der lichte Morgen scheint!

WARNUNG

Wann der kalte Schnee zergangen,
Stehst Du draußen in der Tür,
Kommt ein Knabe schöne gegangen,
Stellt sich freundlich da zu Dir,
Lobet Deine frischen Wangen,
Dunkle Locken, Augen licht,
Wann der kalte Schnee zergangen
Glaub' dem falschen Herzen nicht!

Wann die lauen Lüfte wehen,
Scheint die Sonne lieblich warm:
Wirst Du wohl spazieren gehen,
Und er führet Dich am Arm,
Tränen Dir im Auge stehen,
Denn so schön klingt, was er spricht,
Wann die lauen Lüfte wehen,
Glaub' dem falschen Herzen nicht!

Wann die Lerchen wieder schwirren,
Trittst Du draußen vor das Haus,
Doch er mag nicht mit Dir irren,
Zog weit in das Land hinaus;
Die Gedanken sich verwirren,
Wie Du siehst den Morgen rot, –
Wann die Lerchen wieder schwirren,
Armes Kind, ach, wärst Du tot!

MORGENLIED

Ein Stern still nach dem andern fällt
Tief in des Himmels Kluft,
Schon zucken Strahlen durch die Welt,
Ich wittre Morgenluft.

In Qualmen steigt und sinkt das Tal;
Verödet noch vom Fest
Liegt still der weite Freudensaal,
Und tot noch alle Gäst'.

Da hebt die Sonne aus dem Meer
Eratmend ihren Lauf:
Zur Erde geht, was feucht und schwer,
Was klar, zu ihr hinauf.

Hebt grüner Wälder Trieb und Macht
Neurauschend in die Luft,
Zieht hinten Städte, eitel Pracht,
Blau' Berge durch den Duft.

Spannt aus die grünen Tepp'che weich,
Von Strömen hell durchrankt,
Und schallend glänzt das frische Reich,
So weit das Auge langt.

Der Mensch nun aus der tiefen Welt
Der Träume tritt heraus,
Freut sich, daß alles noch so hält,
Daß noch das Spiel nicht aus.

Und nun geht's an ein Fleißigsein!
Umsumsend Berg und Tal,
Agieret lustig Groß und Klein
Den Plunder allzumal.

Die Sonne steiget einsam auf,
Ernst über Lust und Weh
Lenkt sie den ungestörten Lauf,
Zu stiller Glorie. –

Und *wie* er dehnt die Flügel aus,
Und *wie* er auch sich stellt:
Der Mensch kann nimmermehr hinaus
Aus dieser Narrenwelt.

DER VERIRRTE JÄGER

»Ich hab' geseh'n ein Hirschlein schlank
Im Waldesgrunde steh'n,
Nun ist mir draußen weh' und bang,
Muß ewig nach *ihm* geh'n.

Frischauf, ihr Waldgesellen mein!
Ins Horn, ins Horn frisch auf!
Das lockt so hell, das lockt so fein,
Aurora tut sich auf!«

Das Hirschlein führt den Jägersmann
In grüner Waldesnacht,
Talunter schwindelnd und bergan,
Zu nie geseh'ner Pracht.

»Wie rauscht schon abendlich der Wald,
Die Brust mir schaurig schwellt!
Die Freunde fern, der Wind so kalt,
So tief und weit die Welt!«

Es lockt so tief, es lockt so fein
Durch's dunkelgrüne Haus,
Der Jäger irrt und irrt allein,
Find't nimmermehr heraus. –

IN DER FREMDE

Ich hör' die Bächlein rauschen
Im Walde her und hin,
Im Walde in dem Rauschen
Ich weiß nicht, wo ich bin.

Die Nachtigallen schlagen
Hier in der Einsamkeit,
Als wollten sie was sagen
Von der alten, schönen Zeit.

Die Mondesschimmer fliegen,
Als seh' ich unter mir
Das Schloß im Tale liegen,
Und ist doch so weit von hier!

Als müßte in dem Garten
Voll Rosen weiß und rot,
Meine Liebste auf mich warten,
Und ist doch lange tot.

MITTAGSRUH

Über Bergen, Fluß und Talen,
Stiller Lust und tiefen Qualen
Webet heimlich, schillert, Strahlen!
Sinnend ruht des Tags Gewühle
In der dunkelblauen Schwüle,
Und die ewigen Gefühle,
Was dir selber unbewußt,
Treten heimlich, groß und leise
Aus der Wirrung fester Gleise,
Aus der unbewachten Brust,
In die stillen, weiten Kreise.

AN DIE FREUNDE

Der Jugend Glanz, der Sehnsucht irre Weisen,
Die tausend Ströme durch das duft'ge Land,
Es zieht uns All' zu seinen Zauberkreisen. –
Wem Gottesdienst in tiefster Brust entbrannt,
Der sieht mit Wehmut ein unendlich Reisen
Zu ferner Heimat, die er fromm erkannt;
Und was sich *spielend* wob als ird'sche Blume,
Wölbt still den Kelch zum *ernsten* Heiligtume.

So schauet denn das buntbewegte Leben
Ringsum von meines Gartens heitrer Zinn',
Daß hoch die Bilder, die noch dämmernd schweben –
Wo Morgenglanz geblendet meinen Sinn –
An Eurem Blick erwachsen und sich heben.
Verwüstend rauscht die Zeit darüber hin;
In Euren treuen Herzen neu geboren
Sind sie im wilden Strome unverloren.

WAFFENSTILLSTAND DER NACHT

Windsgleich kommt der wilde Krieg geritten,
Durch das Grün der Tod ihm nachgeschritten,
Manch Gespenst steht sinnend auf dem Feld,
Und der Sommer schüttelt sich vor Grausen,
Läßt die Blätter, schließt die grünen Klausen,
Ab sich wendend von der blut'gen Welt.

Prächtig war die Nacht nun aufgegangen,
Hatte alle mütterlich umfangen,
Freund und Feind mit leisem Friedenskuß,
Und, als wollt der Herr vom Himmel steigen,
Hört' ich wieder durch das tiefe Schweigen
Rings der Wälder feierlichen Gruß.

ABEND

Gestürzt sind die gold'nen Brücken
Und unten und oben so still!
Es will mir nichts mehr glücken,
Ich weiß nicht mehr, was ich will.

Von üppig blühenden Schmerzen
Rauscht eine Wildnis im Grund,
Da spielt wie in wahnsinnigen Scherzen
Das Herz an dem schwindlichten Schlund. –

Die Felsen möchte ich packen
Vor Zorn und Wehe und Lust
Und unter den brechenden Zacken
Begraben die wilde Brust.

Da kommt der Frühling gegangen,
Wie ein Spielmann aus alter Zeit,
Und singt von uraltem Verlangen
So treu durch die Einsamkeit.

Und über mir Lerchenlieder
Und unter mir Blumen bunt,
So werf' ich im Grase mich nieder
Und weine aus Herzensgrund.

Da fühl ich ein tiefes Entzücken,
Nun weiß ich wohl, was ich will,
Es bauen sich andere Brücken
Das Herz wird auf einmal still.

Der Abend streut rosige Flocken,
Verhüllet die Erde nun ganz,
Und durch des Schlummernden Locken
Zieh'n Sterne den heiligen Kranz.

FRÜHLINGSFAHRT

Es zogen zwei rüst'ge Gesellen
Zum ersten Mal von Haus
So jubelnd recht in die hellen
Klingenden, singenden Wellen
Des vollen Frühlings hinaus.

Die strebten nach hohen Dingen,
Die wollten trotz Lust und Schmerz,
Was Recht's in der Welt vollbringen,
Und wem sie vorübergingen,
Dem lachten Sinnen und Herz. –

Der Erste, der fand ein Liebchen,
Die Schwieger kauft' Hof und Haus;
Der wiegte gar bald ein Bübchen,
Und sah aus heimlichen Stübchen
Behaglich in's Feld hinaus.

Dem zweiten sangen und logen
Die tausend Stimmen im Grund,
Verlockend' Sirenen, und zogen
Ihn in der buhlenden Wogen
Farbig klingenden Schlund.

Und wie er auftaucht vom Schlunde
Da war er müde und alt,
Sein Schifflein das lag im Grunde,
So still war's rings in der Runde
Und über die Wasser weht's kalt.

Es singen und klingen die Wellen
Des Frühlings wohl über mir;
Und seh ich so kecke Gesellen,
Die Tränen im Auge mir schwellen –
Ach Gott, führ' uns liebreich zu Dir!

DER FROHE WANDERSMANN

Wem Gott will rechte Gunst erweisen,
Den schickt er in die weite Welt,
Dem will er seine Wunder weisen
In Berg und Wald und Strom und Feld.

Die Trägen, die zu Hause liegen,
Erquicket nicht das Morgenrot,
Sie wissen nur vom Kinderwiegen,
Von Sorgen, Last und Not um Brot.

Die Bächlein von den Bergen springen,
Die Lerchen schwirren hoch vor Lust,
Was sollt' ich nicht mit ihnen singen
Aus voller Kehl' und frischer Brust?

Den lieben Gott laß ich nur walten;
Der Bächlein, Lerchen, Wald und Feld
Und Erd' und Himmel will erhalten,
Hat auch mein' Sach' auf's Best' bestellt!

DER GÄRTNER

Wohin ich geh' und schaue,
In Feld und Wald und Tal
Vom Berg hinab in die Aue:
Viel schöne, hohe Fraue,
Grüß' ich Dich tausendmal.

In meinem Garten find' ich
Viel Blumen, schön und fein,
Viel Kränze wohl d'raus wind' ich
Und tausend Gedanken bind' ich
Und Grüße mit darein.

Ihr darf ich keinen reichen,
Sie ist zu hoch und schön,
Die müssen alle verbleichen,
Die Liebe nur ohne Gleichen
Bleibt ewig im Herzen stehn.

Ich schein' wohl froher Dinge
Und schaffe auf und ab,
Und, ob das Herz zerspringe,
Ich grabe fort und singe
Und grab' mir bald mein Grab.

WINTER

Wie von Nacht verhangen,
Wußt' nicht, was ich will,
Schon so lange, lange
War ich totenstill.

Liegt die Welt voll Schmerzen,
Will's auch draußen schnei'n:
Wache auf, mein Herze,
Frühling muß es sein!

Was mich frech wollt' fassen,
'S ist nur Wogen-Schaum,
Falsche Ehr', Not, Hassen,
Welt, ich spür' dich kaum.

Breite nur die Flügel
Wieder, schönes Roß,
Frei laß ich die Zügel,
So brich durch, Genoss!

Und hat ausgeklungen
Liebes-Lust und Leid,
Um die wir gerungen
In der schönsten Zeit;

Nun so trag' mich weiter,
Wo das Wünschen aus –
Wie wird mir so heiter,
Roß, bring' mich nach Haus!

ABEND

Schweigt der Menschen laute Lust:
Rauscht die Erde wie in Träumen
Wunderbar mit allen Bäumen,
Was dem Herzen kaum bewußt,
Alte Zeiten, linde Trauer,
Und es schweifen leise Schauer
Wetterleuchtend durch die Brust.

NACHTS

Ich wandre durch die stille Nacht,
Da schleicht der Mond so heimlich sacht
Oft aus der dunklen Wolkenhülle,
Und hin und her im Tal
Erwacht die Nachtigall,
Dann wieder Alles grau und stille.

O wunderbarer Nachtgesang:
Von fern im Land der Ströme Gang,
Leis Schauern in den dunklen Bäumen –
Wirr'st die Gedanken mir,
Mein irres Singen hier
Ist wie ein Rufen nur aus Träumen.

GLÜCKLICHE FAHRT

Wünsche sich mit Wünschen schlagen,
Und die Gier wird nie gestillt;
Wer ist in dem wüsten Jagen
Da der Jäger, wer das Wild?
Selig, wem es fromm mag wagen,
Durch das Treiben dumpf und wild
In der festen Brust zu tragen
Heil'ger Schönheit hohes Bild.

Sieh', da brechen tausend Quellen
Durch die felsenharte Welt,
Und zum Strome wird ihr Schwellen,
Der melodisch steigt und fällt.
Ringsum sich die Fernen hellen,
Gottes Hauch die Segel schwellt –
Rettend spülen Dich die Wellen
In des Herzens stille Welt.

TRITT NICHT HINAUS JETZT VOR DIE TÜR

Tritt nicht hinaus jetzt vor die Tür,
Die Nacht hat eignen Sang,
Das Waldhorn ruft, als rief's nach Dir,
Betrüglich ist der irre Klang,
Endlos der Wälder Labyrinth –
Behüt' Dich Gott, Du schönes Kind!

VESPER

Die Abendglocken klangen
Schon durch das stille Tal,
Da saßen wir zusammen
Da droben wohl Hundertmal.

Und unten war's so stille
Im Lande weit und breit,
Nur über uns die Linde
Rauscht' durch die Einsamkeit.

Was geh'n die Glocken heute
Als ob ich weinen müßt'?
Die Glocken, die bedeuten,
Daß meine Lieb' gestorben ist!

Ich wollt', ich läg' begraben,
Und über mir rauscht' weit
Die Linde jeden Abend
Von der alten, schönen Zeit!

STERBEGLOCKEN

Nun legen sich die Wogen,
Und die Gewitter schwül'
Sind all' hinabgezogen,
Mir wird das Herz so kühl.

Die Täler alle dunkeln,
Ist denn das Morgenzeit?
Wie schön die Gipfel funkeln,
Und Glocken hör' ich weit.

So hell noch niemals klangen
Sie über'n Waldes-Saum –
Wo war ich denn so lange?
Das war ein schwerer Traum.

DAS KRANKE KIND

Die Gegend lag so helle,
Die Sonne schien so warm,
Es sonnt' sich auf der Schwelle
Ein Kindlein krank und arm.

Geputzt zum Sonntag heute
Ziehn sie das Tal entlang,
Das Kind grüßt alle Leute,
Doch niemand sagt ihm Dank.

Viel Kinder jauchzen ferne,
So schön ist's auf der Welt!
Ging' auch spazieren gerne,
Doch müde stürzt's im Feld.

»Ach Vater, liebe Mutter,
Helft mir in meiner Not! –«
Du armes Kind! die ruhen
Ja unter'm Grase tot.

Und so im Gras alleine
Das kranke Kindlein blieb,
Frug keiner, was es weine,
Hat jeder sein's nur lieb.

Die Abendglocken klangen
Schon durch die stille Welt,
Die Engel Gottes sangen
Und gingen über's Feld.

Und als die Nacht gekommen
Und alles das Kind verließ,
Sie haben's mitgenommen,
Nun spielt's im Paradies.

FRÜHLINGSKLÄNGE

Vom Münster Trauer-Glocken klingen,
Vom Tal ein Jauchzen schallt herauf.
Zur Ruh sie dort dem Toten singen,
Die Lerchen jubeln: wache auf!
Mit Erde sie ihn still bedecken,
Das Grün aus allen Gräbern bricht,
Die Ströme hell durch's Land sich strecken,
Der Wald ernst wie in Träumen spricht,
Und bei den Klängen, Jauchzen, Trauern,
So weit in's Land man schauen mag,
Es ist ein tiefes Frühlingsschauern
Als wie ein Auferstehungstag.

MORGENGEBET

O wunderbares, tiefes Schweigen,
Wie einsam ist's noch auf der Welt!
Die Wälder nur sich leise neigen,
Als ging' der Herr durchs stille Feld.

Ich fühl' mich recht wie neu geschaffen,
Wo ist die Sorge nun und Not?
Was mich noch gestern wollt' erschlaffen,
Ich schäm' mich des im Morgenrot.

Die Welt mit ihrem Gram und Glücke
Will ich, ein Pilger frohbereit,
Betreten nur wie eine Brücke
Zu dir, Herr, über'n Strom der Zeit.

Und buhlt mein Lied, auf Weltgunst lauernd,
Um schnöden Sold der Eitelkeit:
Zerschlag' mein Saitenspiel! und schauernd
Schweig' ich vor dir in Ewigkeit.

DRYANDER MIT DER KOMÖDIANTENBANDE

Mich brennt's an meinen Reiseschuh'n,
Fort mit der Zeit zu schreiten –
Was wollen wir agieren nun
Vor so viel klugen Leuten?

Es hebt das Dach sich von dem Haus
Und die Kulissen rühren
Und strecken sich zum Himmel raus,
Strom, Wälder musizieren!

Und aus den Wolken langt es sacht,
Stellt alles durcheinander,
Wie sich's kein Autor hat gedacht:
Volk, Fürsten und Dryander.

Da gehn die einen müde fort,
Die andern nah'n behende,
Das alte Stück, man spielt's so fort
Und kriegt es nie zu Ende.

Und keiner kennt den letzten Akt
Von allen die da spielen,
Nur der da droben schlägt den Takt,
Weiß, wo das hin will zielen.

DER EINSIEDLER

Komm' Trost der Welt, du stille Nacht!
Wie steigst du von den Bergen sacht,
Die Lüfte alle schlafen,
Ein Schiffer nur noch, wandermüd,
Singt über's Meer sein Abendlied
Zu Gottes Lob im Hafen.

Die Jahre wie die Wolken gehn
Und lassen mich hier einsam stehn,
Die Welt hat mich vergessen,
Da tratst du wunderbar zu mir,
Wenn ich beim Waldesrauschen hier
Gedankenvoll gesessen.

O Trost der Welt, du stille Nacht!
Der Tag hat mich so müd gemacht,
Das weite Meer schon dunkelt,
Laß' ausruhn mich von Lust und Not,
Bis daß das ew'ge Morgenrot
Den stillen Wald durchfunkelt.

MONDNACHT

Es war, als hätt' der Himmel
Die Erde still geküßt,
Daß sie im Blüten-Schimmer
Von ihm nun träumen müßt'.

Die Luft ging durch die Felder,
Die Ähren wogten sacht,
Es rauschten leis die Wälder,
So sternklar war die Nacht.

Und meine Seele spannte
Weit ihre Flügel aus,
Flog durch die stillen Lande,
Als flöge sie nach Haus.

DER STILLE GRUND

Der Mondenschein verwirret
Die Täler weit und breit,
Die Bächlein, wie verirret,
Gehn durch die Einsamkeit.

Da drüben sah ich stehen
Den Wald auf steiler Höh,
Die finstern Tannen sehen
In einen tiefen See.

Ein Kahn wohl sah ich ragen,
Doch niemand der es lenkt,
Das Ruder war zerschlagen,
Das Schifflein halb versenkt.

Eine Nixe auf dem Steine
Flocht dort ihr goldnes Haar,
Sie meint', sie wär' alleine,
Und sang so wunderbar.

Sie sang und sang, in den Bäumen
Und Quellen rauscht' es sacht
Und flüsterte wie in Träumen
Die mondbeglänzte Nacht.

Ich aber stand erschrocken,
Denn über Wald und Kluft
Klangen die Morgenglocken
Schon ferne durch die Luft.

Und hätt' ich nicht vernommen
Den Klang zu guter Stund':
Wär' nimmer mehr gekommen
Aus diesem stillen Grund.

WÜNSCHELRUTE

Schläft ein Lied in allen Dingen,
Die da träumen fort und fort,
Und die Welt hebt an zu singen,
Triffst du nur das Zauberwort.

IM WALDE

Es zog eine Hochzeit den Berg entlang,
Ich hörte die Vögel schlagen,
Da blitzten viel' Reiter, das Waldhorn klang,
Das war ein lustiges Jagen!

Und eh' ich's gedacht, war Alles verhallt,
Die Nacht bedecket die Runde,
Nur von den Bergen noch rauschet der Wald
Und mich schauert im Herzensgrunde.

ABSCHIED

O Täler weit, o Höhen,
O schöner grüner Wald,
Du meiner Lust und Wehen
Andächt'ger Aufenthalt!
Da draußen, stets betrogen,
Saus't die geschäft'ge Welt,
Schlag' noch einmal die Bogen
Um mich, du grünes Zelt!

Wenn es beginnt zu tagen,
Die Erde dampft und blinkt,
Die Vögel lustig schlagen,
Daß dir dein Herz erklingt:
Da mag vergehn, verwehen
Das trübe Erdenleid,
Da sollst du auferstehen,
In junger Herrlichkeit!

Da steht im Wald geschrieben,
Ein stilles, ernstes Wort
Von rechtem Tun und Lieben,
Und was des Menschen Hort.
Ich habe treu gelesen
Die Worte schlicht und wahr,
Und durch mein ganzes Wesen
Ward's unaussprechlich klar.

Bald werd' ich dich verlassen,
Fremd in der Fremde geh'n,
Auf buntbewegten Gassen
Des Lebens Schauspiel sehn;
Und mitten in dem Leben
Wird deines Ernst's Gewalt
Mich Einsamen erheben,
So wird mein Herz nicht alt.

WO RUHIG SICH UND WILDER

Wo ruhig sich und wilder
Unstete Wellen teilen,
Des Lebens schöne Bilder
Und Kläng' verworren eilen,
Wo ist der sichre Halt? –
So ferne, was wir sollen,
So dunkel, was wir wollen,
Faßt alle die Gewalt.

FRÜHLINGSGRUSS

Es steht ein Berg in Feuer,
In feurigem Morgenbrand,
Und auf des Berges Spitze
Ein Tann'baum über'm Land.

Und auf dem höchsten Wipfel
Steh ich und schau vom Baum,
O Welt, Du schöne Welt, Du,
Man sieht Dich vor Blüten kaum!

ABENDLANDSCHAFT

Der Hirt bläst seine Weise,
Von fern ein Schuß noch fällt,
Die Wälder rauschen leise
Und Ströme tief im Feld.

Nur hinter jenem Hügel
Noch spielt der Abendschein –
O hätt' ich, hätt' ich Flügel,
Zu fliegen da hinein!

NEUE LIEBE

Herz, mein Herz, warum so fröhlich,
So voll Unruh und zerstreut,
Als käm' über Berge selig
Schon die schöne Frühlingszeit?

Weil ein liebes Mädchen wieder
Herzlich an dein Herz sich drückt,
Schaust du fröhlich auf und nieder,
Erd' und Himmel dich erquickt.

Und ich hab' die Fenster offen,
Neu zieh in die Welt hinein
Altes Bangen, altes Hoffen!
Frühling, Frühling soll es sein!

Still kann ich hier nicht mehr bleiben,
Durch die Brust ein Singen irrt,
Doch zu licht ist's mir zum schreiben,
Und ich bin so froh verwirrt.

Also schlendr' ich durch die Gassen,
Menschen gehen her und hin,
Weiß nicht, was ich tu und lasse,
Nur, daß ich so glücklich bin.

IM ABENDROT

Wir sind durch Not und Freude
Gegangen Hand in Hand,
Vom Wandern ruh'n wir beide
Nun über'm stillen Land.

Rings sich die Täler neigen,
Es dunkelt schon die Luft,
Zwei Lerchen nur noch steigen
Nachträumend in den Duft.

Tritt her, und laß sie schwirren,
Bald ist es Schlafenszeit,
Daß wir uns nicht verirren
In dieser Einsamkeit.

O weiter, stiller Friede!
So tief im Abendrot
Wie sind wir wandermüde –
Ist das etwa der Tod?

O HERBST, IN LINDEN TAGEN

O Herbst, in linden Tagen
Wie hast Du rings Dein Reich
Phantastisch aufgeschlagen,
So bunt und doch so bleich!

Wie öde, ohne Brüder,
Mein Tal, so weit und breit,
Ich kenne Dich kaum wieder
In dieser Einsamkeit.

So wunderbare Weise
Singt nun Dein bleicher Mund,
Es ist, als öffnet' leise
Sich unter mir der Grund.

Und ich ruht' überwoben,
Du sängest immerzu,
Die Linde schüttelt oben
Ihr Laub und deckt mich zu.

NACHTGEBET

Es rauschte leise in den Bäumen,
Ich hörte nur der Ströme Lauf,
Und Berg und Gründe, wie aus Träumen,
Sie sah'n so fremd zu mir herauf.

Drin aber in der stillen Halle
Ruht' Sang und Plaudern müde aus,
Es schliefen meine Lieben alle,
Kaum wieder kannt' ich nun mein Haus.

Mir war's als lägen sie zur Stunde
Gestorben, bleich im Mondenschein,
Und schauernd in der weiten Runde
Fühlt' ich auf einmal mich allein.

So blickt in Meeres öden Reichen
Ein Schiffer einsam himmelan –
O Herr, wenn einst die Ufer weichen,
Sei gnädig Du dem Steuermann!

WEIHNACHTEN

Markt und Straßen steh'n verlassen,
Still erleuchtet jedes Haus,
Sinnend geh' ich durch die Gassen,
Alles sieht so festlich aus.

An den Fenstern haben Frauen
Buntes Spielzeug fromm geschmückt,
Tausend Kindlein steh'n und schauen,
Sind so wunderstill beglückt.

Und ich wandre aus den Mauern
Bis hinaus in's freie Feld,
Hehres Glänzen, heil'ges Schauern!
Wie so weit und still die Welt!

Sterne hoch die Kreise schlingen,
Aus des Schnees Einsamkeit
Steigt's wie wunderbares Singen –
O du gnadenreiche Zeit!

ABSCHIED

Abendlich schon rauscht der Wald
Aus den tiefen Gründen,
Droben wird der Herr nun bald
An die Sterne zünden,
Wie so stille in den Schlünden,
Abendlich nur rauscht der Wald.

Alles geht zu seiner Ruh,
Wald und Welt versausen,
Schauernd hört der Wandrer zu,
Sehnt sich recht nach Hause,
Hier in Waldes grüner Klause
Herz, geh' endlich auch zur Ruh!

DER TRAURIGE JÄGER

Zur ew'gen Ruh sie sangen
Die schöne Müllerin,
Die Sterbeglocken klangen
Noch über'n Waldgrund hin.

Da steht ein Fels so kühle,
Wo keine Wandrer geh'n,
Noch einmal nach der Mühle
Wollt' dort der Jäger sehn.

Die Wälder rauschten leise,
Sein Jagen war vorbei,
Der blies so irre Weise,
Als müßt' das Herz entzwei.

Und still dann in der Runde
Ward's über Tal und Höh'n,
Man hat seit dieser Stunde
Ihn nimmer mehr geseh'n.

DIE VERLORENE BRAUT

Vater und Kind gestorben
Ruhten im Grabe tief,
Die Mutter hatt' erworben
Seitdem ein ander Lieb.

Da droben auf dem Schlosse
Da schallt das Hochzeitsfest,
Da lacht's und wiehern Rosse,
Durch's Grün zieh'n bunte Gäst'.

Die Braut schaut' in's Gefilde
Noch einmal vom Altan,
Es sah so ernst und milde
Sie da der Abend an.

Rings waren schon verdunkelt
Die Täler und der Rhein,
In ihrem Brautschmuck funkelt
Nur noch der Abendschein.

Sie hörte Glocken gehen
Im weiten, tiefen Tal,
Es bracht' der Lüfte Wehen
Fern über'n Wald den Schall.

Sie dacht': »O falscher Abend!
Wen das bedeuten mag?
Wen läuten sie zu Grabe
An meinem Hochzeitstag?«

Sie hört' im Garten rauschen
Die Brunnen immerdar
Und durch der Wälder Rauschen
Ein Singen wunderbar.

Sie sprach: »Wie wirres Klingen
Kommt durch die Einsamkeit,
Das Lied wohl hört' ich singen
In alter, schöner Zeit.«

Es klang, als wollt' sie's rufen
Und grüßen tausendmal –
So stieg sie von den Stufen
So kühle rauscht' das Tal.

So zwischen Weingehängen,
Stieg sinnend sie in's Land
Hinunter zu den Klängen,
Bis sie im Walde stand.

Dort ging sie, wie in Träumen,
Im weiten, stillen Rund,
Das Lied klang in den Bäumen,
Von Quellen rauscht' der Grund. –

Derweil von Mund zu Munde
Durch's Haus, erst heimlich sacht,
Und lauter geht die Kunde:
Die Braut irrt in der Nacht!

Der Bräut'gam tät erbleichen,
Er hört im Tal das Lied,
Ein dunkelrotes Zeichen
Ihm von der Stirne glüht.

Und Tanz und Jubel enden,
Er und die Gäst' im Saal,
Windlichter in den Händen,
Sich stürzen in das Tal.

Da schweifen rote Scheine,
Schall nun und Rosseshuf,
Es hallen die Gesteine
Rings von verworr'nem Ruf.

Doch einsam irrt die Fraue
Im Walde schön und bleich,
Die Nacht hat tiefes Grauen,
Das ist von Sternen so reich.

Und als sie war gelanget
Zum allerstillsten Grund,
Ein Kind am Felsenhange
Dort freundlich lächelnd stund.

Das trug in seinen Locken
Einen weißen Rosenkranz,
Sie schaut' es an erschrocken
Beim irren Mondesglanz.

»Solch' Augen hat das meine,
Ach meines bist Du nicht,
Das ruht ja unter'm Steine,
Den niemand mehr zerbricht.

Ich weiß nicht, was mir grauset,
Blick' nicht so fremd auf mich!
Ich wollt', ich wär' zu Hause,
Nach Hause führ' ich Dich.«

Sie geh'n nun miteinander,
So trübe weht der Wind,
Die Fraue sprach im Wandern:
»Ich weiß nicht, wo wir sind.

Wen tragen sie beim Scheine
Der Fackeln durch die Schluft?
O Gott, der stürzt' vom Steine
Sich tot in dieser Kluft!«

Das Kind sagt: »Den sie tragen,
Dein Bräut'gam heute war,
Er hat meinen Vater erschlagen,
'S ist diese Stund' ein Jahr.

Wir alle müssen's büßen,
Bald wird es besser sein,
Der Vater läßt Dich grüßen,
Mein liebes Mütterlein.«

Ihr schauert's durch die Glieder:
»Du bist mein totes Kind!
Wie funkeln die Sterne nieder,
Jetzt weiß ich, wo wir sind.« –

Da löst' sie Kranz und Spangen,
Und über ihr Angesicht
Perlen und Tränen rannen,
Man unterschied sie nicht.

Und über die Schultern nieder
Rollten die Locken sacht,
Verdunkelnd Augen und Glieder,
Wie eine prächtige Nacht.

Um's Kind den Arm geschlagen,
Sank sie in's Gras hinein –
Dort hatten sie erschlagen
Den Vater im Gestein.

Die Hochzeitsgäste riefen
Im Walde auf und ab,
Die Gründe alle schliefen,
Nur Echo Antwort gab.

Und als sich leis erhoben
Der erste Morgenduft,
Hörten die Hirten droben
Ein Singen in stiller Luft.

TODESLUST

Bevor er in die blaue Flut gesunken,
Träumt noch der Schwan und singet todestrunken,
Die sommermüde Erde im Verblühen
Läßt all' ihr Feuer in den Trauben glühen;
Die Sonne, Funken sprühend, im Versinken,
Gibt noch einmal der Erde Glut zu trinken,
Bis, Stern auf Stern, die Trunkne zu umfangen,
Die wunderbare Nacht ist aufgegangen.

ZUM ABSCHIED

Der Herbstwind schüttelt die Linde,
Wie geht die Welt so geschwinde!
Halte dein Kindlein warm.
Der Sommer ist hingefahren,
Da wir zusammen waren –
Ach, die sich lieben, wie arm!

Wie arm, die sich lieben und scheiden!
Das haben erfahren wir beiden,
Mir graut vor dem stillen Haus.
Dein Tüchlein noch lässt du wehen,
Ich kann's vor Tränen kaum sehen,
Schau' still in die Gasse hinaus.

Die Gassen schauen noch nächtig,
Es rasselt der Wagen bedächtig –
Nun plötzlich rascher der Trott
Durch's Tor in die Stille der Felder
Da grüßen so mutig die Wälder,
Lieb' Töchterlein, fahre mit Gott!

DURCH!

Ein Adler saß am Felsenbogen,
Den lockt' der Sturm weit über's Meer,
Da hatt' er droben sich verflogen,
Er fand sein Felsennest nicht mehr,
Tief unten sah er kaum noch liegen
Verdämmernd Wald und Land und Meer,
Mußt' höher, immer höher fliegen,
Ob nicht der Himmel offen wär'.

DER WACHTTURM

Ich sah im Mondschein liegen
Die Felsen und das Meer,
Ich sah ein Schifflein fliegen
Still durch die Nacht daher.

Ein Ritter saß am Steuer,
Ein Fräulein stand am Bord,
Im Winde weht' ihr Schleier,
Die sprachen kein einzig Wort.

Ich sah verfallen grauen
Das hohe Königshaus,
Den König stehn und schauen
Vom Turm ins Meer hinaus.

Und als das Schiff verschwunden,
Er warf seine Krone nach,
Und aus dem tiefen Grunde
Das Meer wehklagend brach.

Das war der kühne Buhle,
Der ihm sein Kind geraubt,
Der König, der verfluchet
Der eignen Tochter Haupt.

Da hat das Meer mit Toben
Verschlungen Ritter und Maid,
Der König starb da droben
In seiner Einsamkeit.

Nun jede Nacht vor Sturme
Das Schiff vorüberzieht,
Der König von dem Turme
Nach seinem Kinde sieht.

DER UNBEKANNTE

Vom Dorfe schon die Abendglocken klangen,
Die müden Vöglein gingen auch zur Ruh,
Nur auf den Wiesen noch die Heimchen sangen
Und von den Bergen rauscht' der Wald dazu;
Da kam ein Wandrer durch die Ährenwogen,
Aus fernen Landen schien er hergezogen.

Vor seinem Hause, unter blühnden Lauben
Lud ihn ein Mann zum fröhl'chen Rasten ein,
Die junge Frau bracht Wein und Brot und Trauben,
Setzt dann, umspielt vom letzten Abendschein,
Sich neben ihn und blickt halb scheu, halb lose,
Ein lockig Knäblein lächelnd auf dem Schoße.

Ihr dünkt, er wär schon einst im Dorf gewesen,
Und doch so fremd und seltsam war die Tracht,
In seinen Mienen feur'ge Schrift zu lesen
Gleich Wetterleuchten fern bei stiller Nacht,
Und traf sein Auge sie, wollt ihr fast grauen,
Denn 's war, wie in den Himmelsgrund zu schauen.

Und wie sich kühler nun die Schatten breiten:
Vom Berg Vesuv, der über Trümmern raucht,
Vom blauen Meer, wo Schwäne singend gleiten,
Kristallnen Inseln, blühend draus getaucht,
Und Glocken, die im Meeresgrunde schlagen,
Wußt wunderbar der schöne Gast zu sagen.

»Hast viel erfahren, willst du ewig wandern?«
Sprach drauf sein Wirt mit herzlichem Vertraun,
»Hier kannst du froh genießen wie die andern,
Am eignen Herd dein kleines Gärtchen baun,
Des Nachbars Töchter haben reiche Truhen
Ruh endlich aus, brauchst nicht allein zu ruhen.«

Da stand der Wandrer auf, es blühten Sterne
Schon aus dem Dunkel überm stillen Land,
»Gesegn euch Gott! mein Heimatland liegt ferne. –«
Und als er von den beiden sich gewandt,
Kam himmlisch Klingen von der Waldeswiese –
So sternklar war noch keine Nacht wie diese.

IM ALTER

Wie wird nun Alles so stille wieder!
So war mir's oft in der Kinderzeit,
Die Bäche gehen rauschend nieder
Durch die dämmernde Einsamkeit,
Kaum noch hört man einen Hirten singen,
Aus allen Dörfern, Schluchten, weit
Die Abendglocken herüberklingen,
Versunken nun mit Lust und Leid
Die Täler, die noch einmal blitzen,
Nur hinter dem stillen Walde weit
Noch Abendröte an den Bergesspitzen,
Wie Morgenrot der Ewigkeit.

DIE HEILIGE MUTTER

Es ist ein Meer, von Schiffen irr' durchflogen,
Die steuern rastlos nach den falschen Landen,
Die Alle suchen und wo Alle stranden
Auf schwanker Flut, die Jeden noch betrogen.

Es ist im wüsten Meer ein Felsenbogen,
An dem die sturmgepeitschten Wellen branden
Und aller Zorn der Tiefe wird zu Schanden,
Die nach dem Himmel zielt mit trüben Wogen.

Und auf dem Fels die mildeste der Frauen
Zählt ihre Kinder und der Schiffe Trümmer,
Stillbetend, daß sich rings die Stürme legen.

Das sind die treuen Augen, himmelblauen –
Mein Schiff versenk' ich hinter mir auf immer,
Hier bin ich, Mutter, gib mir deinen Segen!

NACHTS – DANZIG 1843

Dunkle Giebel, hohe Fenster,
Türme tief aus Nebeln sehn,
Bleiche Statuen wie Gespenster
Lautlos an den Trümmern stehn.

Träumerisch der Mond drauf scheinet,
Dem die Stadt gar wohl gefällt,
Als läg' zauberhaft versteinet
Drunten eine Märchenwelt.

Ringsher durch das tiefe Lauschen,
Über alle Häuser weit,
Nur des Meeres fernes Rauschen –
Wunderbare Einsamkeit!

Und der Türmer wie vor Jahren
Singet ein uraltes Lied:
Wolle Gott den Schiffer wahren,
Der bei Nacht vorüberzieht!

ZAUBEREI DER NACHT

Hörst du nicht die Quellen gehen
Zwischen Stein und Blumen weit
Nach den stillen Waldes-Seen,
Wo die Marmorbilder stehen
In der schönen Einsamkeit?
Von den Bergen sacht hernieder,
Weckend die uralten Lieder,
Steigt die wunderbare Nacht,
Und die Gründe glänzen wieder,
Wie du's oft im Traum gedacht.

Kennst die Blume du, entsprossen
In dem mondbeglänzten Grund?
Aus der Knospe, halb erschlossen,
Junge Glieder blühend sprossen,
Weiße Arme, roter Mund,
Und die Nachtigallen schlagen,
Und rings hebt es an zu klagen,
Ach, vor Liebe todeswund,
Von versunknen schönen Tagen –
Komm', o komm' zum stillen Grund!

DER VERSPÄTETE WANDERER

Wo werd' ich sein im künft'gen Lenze?
So frug ich sonst wohl, wenn beim Hüteschwingen
In's Tal wir ließen unser Lied erklingen,
Denn jeder Wipfel bot mir frische Kränze.

Ich wußte nur, daß rings der Frühling glänze,
Daß nach dem Meer die Ströme funkelnd gingen,
Von fernem Wunderland die Vögel singen,
Da hatt' das Morgenrot noch keine Grenze.

Jetzt aber wird's schon Abend, alle Lieben
Sind wandermüde längst zurückgeblieben,
Die Nachtluft rauscht durch meine welken Kränze,

Und heimwärts rufen mich die Abendglocken,
Und in der Einsamkeit frag' ich erschrocken:
Wo werd' ich sein im künft'gen Lenze?

DIE SCHAUDER DES SCHÖNEN
Nachwort von Karl-Heinz Ott

Als ich kürzlich meiner Tochter vor dem Einschlafen ein paar Eichendorff-Gedichte vorlesen und eine heimelige Gutenachtstimmung verbreiten wollte, musste ich heftig zu blättern anfangen, um noch auf Strophen zu stoßen, die frei von schaurigen Anwandlungen sind. Bei Eichendorff denken wir zunächst an Wipfel und Waldesrauschen, muntere Quellen und Frühlingsgefühle, Aufbruch und Fernweh, Hain und Flur, Höhen und Täler, Lerchen und Nachtigallen. Vom Schönen ist dort sehr wohl, vom Schrecklichen sehr wenig die Rede. In seinen Wanderliedern geht es sogar derart frisch-fromm-fröhlich zu, dass man manchmal gern ein bisschen bremsen möchte. Was vielleicht weniger an Eichendorff selbst als an jenen Männerchören liegt, die ihn dermaßen behaglich zugerichtet haben, dass einem ganz unbehaglich werden kann. Wer dagegen die Eichendorff-Vertonungen von Schumann kennt, weiß, dass man diese Verse nicht nur vergemütlichen, sondern auch weitaus dunkler einfärben kann, als sie beim ersten Lesen wirken. Allerdings bedarf es gar keines Schumann, um in diesen Gedichten etwas Unheimliches zu entdecken. Denn das Unheimliche zeigt sich bei Eichendorff nicht selten gerade dort, wo sich Bäume auf Träume und Liebchen auf Bübchen reimen.

So volksliedhaft schlicht diese Verse klingen, so verstörend ist das, was sie immer wieder beschwören. Zwar rauschen bei Eichendorff unentwegt die Wipfel und Wälder, Brunnen und Bäche, Winde und Wellen, Ströme und Quellen, doch dieses wunderliche Rauschen ist weit davon entfernt, bloß beruhigend zu wirken. Es ist ein Rauschen, das nicht nur Haine und Täler, sondern die ganze Welt durchweht und einen leise erschauern lässt. Schrill und laut geht es in Eichendorffs Gedichten ohnehin nie zu, selbst dann nicht, wenn fahrende Musikanten bei ländlichen Festen aufspielen. Zudem lockt gerade dort, wo man sich eben noch wohlig niedergelassen hat, bei Eichendorff sofort wieder ein Fernweh, das die unruhige Seele in die Weiten der Wälder und Felder hinaustreibt. Nur dass diese Unendlichkeit in ihrer Schönheit eben auch etwas Rätselhaftes, Geheimnisvolles und sogar Unheimliches besitzt. Zwar muss einem, solange sich Schlund auf Grund reimt, nicht gleich bange werden, doch eine leise Irritation kann sich dabei durchaus einstellen, wie allein schon die Eingangsstrophe des bekannten Gedichts *In der Fremde* zeigt:

»Ich hör' die Bächlein rauschen
Im Walde her und hin,
Im Walde in dem Rauschen
Ich weiß nicht, wo ich bin.«

Wenn bei Eichendorff ein Garten oder die Nacht oder die ganze Erde wollüstig rauscht, dann vernehmen wir in dieser stillen Ruhelosigkeit natürlich auch das Echo unserer inneren Stimmen, die ja ebenfalls die Eigenschaft besitzen können, zwar vernehmbar, aber nicht wirklich verstehbar zu sein. Entsprechend spricht Jean Paul mit Blick auf unser Seelenleben von einem inneren Afrika, wogegen Eichendorff dieses Fremde und Fremdbleibende in unserm Innern bereits in den Bildern unserer vertrauten Wälder und Wiesen, Haine und Felder versinnbildlicht sieht.

Das Umkippen des Schönen ins Schaurige kennzeichnet wie nichts anderes Eichendorffs kaleidoskopischen Blick. Dass Georg Trakl seine Gedichte liebte, wundert einen nicht. Dabei inszeniert Eichendorff kaum einmal eine wahrhafte Düsternis, und auch nur selten klingen uns aus seinen Versen wirkliche Verzweiflungsrufe entgegen. Doch sie besitzen oft gerade dort eine verstörende Wendung, wo sie mit schlichten, ergreifenden Bildern eine ans Wunderbare grenzende Welt beschwören, wie etwa in dem Gedicht *Abend*, das ebenfalls zu Eichendorffs bekanntesten zählt:

»Schweigt der Menschen laute Lust:
Rauscht die Erde wie in Träumen
Wunderbar mit allen Bäumen,
Was dem Herzen kaum bewußt,
Alte Zeiten, linde Trauer,
Und es schweifen leise Schauer
Wetterleuchtend durch die Brust.«

Zuweilen schlägt das Schöne sogar noch viel unvermittelter ins dunkel Dräuende um, wie etwa in dem nicht weniger berühmten Gedicht *Zwielicht*, wo gleich auf den ersten Vers, der etwas äußerst Wohliges verspricht, ein ganz anders gestimmter folgt:

»Dämmrung will die Flügel spreiten,
Schaurig rühren sich die Bäume,
Wolken zieh'n wie schwere Träume –
Was will dieses Grau'n bedeuten?«

Die letzten beiden Strophen lauten:

»Hast du einen Freund hienieden,
Trau ihm nicht zu dieser Stunde,
Freundlich wohl mit Aug' und Munde,
Sinnt er Krieg im tück'schen Frieden.

Was heut müde gehet unter,
Hebt sich morgen neugeboren.
Manches bleibt in Nacht verloren –
Hüte dich, bleib' wach und munter!«

Eichendorffs Friedensbilder leuchten auf verschattetem Grund, und erstaunlich häufig heißt es plötzlich »Hüte dich!«, wie etwa auch in dem ganz leichtfüßig daherschlendernden Gedicht *Der armen Schönheit Lebenslauf*, das mit den Strophen einsetzt:

»Die arme Schönheit irrt auf Erden,
So lieblich Wetter draußen ist,
Möcht' gern recht viel gesehen werden,
Weil jeder sie so freundlich grüßt.

Und wer die arme Schönheit schauet,
Sich wie auf großes Glück besinnt,
Die Seele fühlt sich recht erbauet,
Wie wenn der Frühling neu beginnt.

Da sieht sie viele schöne Knaben,
Die reiten unten durch den Wind,
Möcht' manchen gern am Arme haben,
Ach, hüte dich, du armes Kind!«

Hinter dem Schönen, seien es nun Wälder im Abendlicht oder menschliche Wesen, scheint sich demnach auch noch etwas anderes als nur Schönes zu verbergen. Es muss sich sogar um etwas so Bedrohliches handeln, dass Vorsicht und Misstrauen angebracht sind. Nicht von ungefähr spielen in Eichendorffs Novellen und Romanen Verkleidungen, Zwittergestalten oder auch Marmorbilder, die zu leben beginnen, eine entscheidende Rolle. Und es kann auch kein Zufall sein, dass bei Eichendorff so oft vom Wetterleuchten die Rede ist. Die Novelle *Das Schloss Dürande* lebt geradezu von einem solchen unablässigen Blitzen und Leuchten, wozu eine ständige Gewitterschwüle gehört, in der sich natürlich seelische Stimmungen spiegeln, wie sie ganz deutlich auch in

Eichendorffs Bild vom »Wetterleuchten in der Brust« zum Ausdruck kommen.

Wollte man dieses Wetterleuchten in einen weniger poetischen Begriff übersetzen, könnte man auch von solchen Ambivalenzen sprechen, bei denen Anziehung und Abwehr, Furcht und Sehnsucht kaum voneinander zu trennen sind. Dass uns zuweilen etwas, vor dem man sich eigentlich fürchtet oder auch fürchten muss, zugleich unbändig locken kann, davon erzählen bereits Homers Sirenen, deren Gesang niemand zu widerstehen vermag. Bei Eichendorff spielen Sehnsucht und Schrecken ebenfalls nicht selten ineinander, weshalb es auch so schwierig ist, Gedichte von ihm zu finden, die frei von allem Unheimlichen sind. Zwar könnte Rilkes Vers »Das Schöne ist nichts als des Schrecklichen Anfang« schwerlich von ihm stammen, doch auch bei Eichendorff schwingt sich die Seele niemals ohne die Erfahrung des Bodenlosen in die Höhe. Dennoch macht es einen gewaltigen Unterschied, ob man – wie es vor allem in der französischen Philosophie der letzten Jahrzehnte der Fall war – unentwegt den *abîme*, also den Abgrund, das Nichts und die Leere, beschwört, oder ob man auf dieses Abgründige gerade dadurch verweist, dass man es nicht frontal in den Blick nimmt und mit solchen großen und dabei auch reichlich leeren Begriffen benennt, sondern es durch dessen scheinbares Gegenteil, nämlich das Schöne, zum Erscheinen bringt. Dass Abgründe abgründig sind, wissen wir alle, werden sie jedoch durch etwas Beglückendes offenbart, so ist das nur umso schmerzhafter.

Dabei richtet Eichendorff sein Augenmerk im Gegensatz zu den meisten anderen Dichtern seiner Zeit weniger auf unsere Zerrissenheiten und das Leiden an einem Leben, in dem Wunsch und Wirklichkeit auseinanderklaffen, als auf die Weite der Natur und des Himmels. So wunderschön seine ergreifend schlicht gereimten Gedichte klingen, so geheimnisvoll und sogar unheimlich können der Frieden und die Stille sein, die sie beschwören. Obwohl bei Eichendorff das Verwirrende eine nicht zu unterschätzende Rolle spielt, hält er jedoch an einer Sprache fest, die selbst überhaupt nichts Verwirrendes besitzt, sondern meist so volksliedhaft schön klingt, dass man meinen könnte, es handle sich dabei um Gedichte, die von gar keinem bestimmten Dichter stammen, sondern seit alters her überliefert sind.

Von so manch anderen Romantikern unterscheidet Eichendorff sich gerade dadurch, dass er alles Originalitätssüchtige und Exaltierte entschieden ablehnt. Aus seinen umfangreichen literaturkritischen Schriften erfahren wir auch warum. Ganz anders als in seinen Gedichten begegnen wir dabei einem so kämpferischen Ton, dass man aus dem Staunen zuweilen kaum noch herauskommt. Eichendorff erweist sich in ihnen als das Gegenteil eines naiven, kindlich fromm gebliebenen Dichters. Mit einer polemischen Verve, die der seines Antipoden Heinrich Heine in nichts nachsteht, verhöhnt und verspottet er über Hunderte von Seiten hinweg alles, was ihm an romantischer Affektiertheit und an bestimmten ästhetischen und weltanschaulichen Positionen zuwider ist. Dabei zeigt sich, dass er mit den philosophischen und poetologischen Grabenkämpfen, wie sie nicht erst seit Gottsched und Lessing die ästhetischen Debatten prägen, bestens vertraut ist.

Eichendorffs andächtige Weltfreudigkeit, die in seinen Gedichten so innig und traut wirkt, täuscht über seine kämpferische Seite leicht hinweg. Als weltfremder Träumer erweist er sich in diesen Schriften jedenfalls nicht, sondern als ein Streiter gegen solche immer mehr um sich greifenden künstlerischen Richtungen, die alles Jähe, Wilde und Zerstörerische ins Zentrum rücken. Das hat schon deshalb nicht nur etwas mit ästhetischen Vorlieben und Abneigungen zu tun, weil sich in jeder Kunst auch ein Blick aufs Ganze manifestiert. Denn es geht dabei ganz konkret um die Frage, ob das Schöne in der Kunst noch einen maßgeblichen Raum einnehmen darf oder ob man die Verhältnisse für derart unschön oder sogar verrottet hält, dass es auch in der Kunst nichts mehr zu suchen hat und bloß noch wie eine Lüge wirkt. An entscheidender Stelle wird diese Frage dort diskutiert, wo es um das Verhältnis des Erhabenen zum Schönen geht. Vordergründig scheint es sich dabei zwar um rein ästhetische Kategorien zu handeln, doch in Wirklichkeit hängt auch hier das Ästhetische mit allem anderen aufs Engste zusammen. Insofern der Begriff des Erhabenen alles Unermessliche, Maßlose und Erschütternde umfasst, während der des Schönen mit Harmonie und Vollkommenheit verknüpft wird, ist damit der Bogen zu ethischen, religiösen und politischen Fragen auch sogleich gespannt.

Als im 18. Jahrhundert Edmund Burke und Immanuel Kant zwei bedeutende Schriften über die Gegensätze zwischen dem Erhabenen und dem Schönen veröffentlichten, konnten die beiden noch nicht wissen, dass sie mit ihren Reflexionen solche weltanschaulichen Gefechte munitionierten, bei denen es oft nur vordergründig um ästhetische, in Wirklichkeit jedoch um ganz grundlegende Positionen geht. Ersichtlich wird das allein daran, dass die Apologeten einer Kunst, die das Zerrissene ins Zentrum rückt, die Vertreter einer an Schönheitsidealen orientierten Kunst gerne der Wirklichkeitsflucht bezichtigen. Weder für Edmund Burke, der 1757 seine *Philosophische Untersuchung über den Ursprung unserer Ideen vom Erhabenen und Schönen* veröffentlichte, noch für Kant, dessen 1790 erschienene *Kritik der Urteilskraft* sich der Analytik des Schönen und Erhabenen widmet, stellte sich dieses Problem in derartiger Grundsätzlichkeit. Für beide waren es zuerst einmal unterschiedliche Erfahrungs- und Erlebnisformen, die mit Furcht oder Freude zu tun haben. So gehört für Edmund Burke zum Erhabenen alles, was auf unbezwingbare Mächte verweist oder mit Gefährdungen zusammenhängt, die auch mit Leidenschaften zu tun haben können, die sich keiner Vernunft mehr fügen und in allerlei Exzesse ausarten. Das Schöne dagegen ist das Gegenteil des Maßlosen, weshalb es uns auch zu befrieden und zu beruhigen vermag, was aber auch der Grund dafür ist, dass es in der modernen Kunst den schlechten Ruf des Erbaulichen genießt.

Am lautesten lässt sich dieser Vorwurf bis heute in solchen Theaterkreisen vernehmen, die sich ganz besonders gesellschaftskritisch vorkommen, überall Verdrängung am Werk sehen und dem Publikum ständig die Augen öffnen wollen. So war erst kürzlich in der wichtigsten deutschsprachigen Theaterzeitschrift von einem Dramaturgen zu lesen: »Der neukonservative Wunsch nach Schönheit und Glanz und die damit einhergehende Sehnsucht nach Trost, Geborgenheit und Selbstbestätigung wendet sich ab von der Außenwelt, die ohnmächtig als hässlich, ungerecht, unsicher erfahren wird, und will auch im Theater nicht mit der Hässlichkeit der Welt konfrontiert werden. Beispielhaft steht hier der Wandel in der kritischen Bewertung der ›Provokation‹ auf Theaterbühnen. Die ›Provokation‹ steht heute unter Generalverdacht ... Aber ihre ursprüngliche künstlerische Funktion ist es ..., durch eine Regelverletzung eine Reaktion hervorzurufen, die einen Erkenntnisgewinn verspricht, einen kurzen Moment der Konfrontation mit der Wahrheit über unser Leben.«

Einerseits darf man sich wundern, dass solche Litaneien nach jahrzehntelang ausgelebter Provokationslust immer noch repetiert werden, andererseits führen sie beispielhaft vor, wo die Frontlinien verlaufen. Eichendorffs literaturkritische Schriften lohnt es schon deshalb zu lesen, weil sie sich über weite Strecken mit solchen Anwürfen auseinandersetzen. Dieses Phänomen war damals schon so alt, dass Eichendorff in seiner 1854 erschienenen *Geschichte des Dramas* bemerken konnte, vor knapp hundert Jahren sei »plötzlich der Lärm und Zorn der berüchtigten *Sturm- und Drangperiode* hereingebrochen, welche mit einer Art von Berserkerwut gegen alle wirklichen und eingebildeten Schranken anrannte«. Es gehe ihr, heißt es weiter, um nichts anderes als die »souveräne Eigenmacht des emanzipierten Subjekts«, und ihr Katechismus laute, »man müsse die Übel und Gebrechen der Gesellschaft zu heilen suchen«. Der einzige Gott, behauptet Eichendorff, den es dabei noch geben dürfe, sei »der Gott der eigenen Brust ... und der Mann von Kraft ..., der keiner Macht außer ihm Gewalt über sich verstatte«. In den Werken der entsprechenden Dichter treffe man denn auch unentwegt auf »ein Sichüberschreien der Leidenschaft« und eine unaufhörliche »konvulsivische Anspannung und Überkraft«. Wahnsinn, Weltverachtung und Menschheitsveredelungsträume seien die Triebfedern solcher Kunstwerke, in denen eine Welt dargestellt werde, die aus Tugendhelden auf der einen und Bösewichtern auf der anderen Seite bestehe.

Hier zeigt sich überdeutlich, wie das Ästhetische und Weltanschauliche ineinanderspielen. Schließlich verliert der Gegensatz zwischen dem Schönen und dem Erhabenen spätestens in der Sturm-und-Drang-Zeit seine politische Unschuld. Allem in sich Stimmigen und Harmonischen wird von da an misstraut, alles Brüske und Brutale, Gewaltige und Grenzenlose dagegen als das wirklich Wirkliche ausgewiesen. So wie man sich beim Anblick himmelhoher Berge oder des nächtlichen Sternenmeers ameisenhaft nichtig und gleichzeitig wie berauscht von dieser Unendlichkeit fühlt, so gehört zur Erfahrung des Erhabenen generell das Gefühl, ohnmächtig und gleichzeitig teilhaftig am Grenzenlosen zu sein. Eine Spur von abgrundtiefem Erschrecken und die Schauder des Göttlichen, schiere Panik und ein fast majestätisches Hochgefühl gehören dabei unzertrennbar zusammen. Beim Blick ins Unendliche kann man an Gott denken, aber auch den Gedanken an einen Schlund niemals verscheuchen, der alles sinnlos erscheinen lässt. Und deshalb gehört zum Erhabenen alles Maßlose, Exzentrische und Zerrissene. Psychologisch gesprochen könnte man auch sagen, es gehöre zu ihm alles Unausgeglichene und die permanente Krise. Nicht zufällig feiert der romantische Geniekult gerade solche Figuren als die wahren Künstler, bei denen abgrundtiefe Verzweiflung und göttliche Erleuchtungsblitze sich ständig abwechseln und jedes Gleichgewicht verhindern. Von E. T. A. Hoffmanns Kapellmeister Kreisler bis zu den Selbstzerstörungsgenies des 20. Jahrhunderts führt hier ein direkter Weg, und bis heute hält sich das Bild des Künstlers als eines ständig unausgeglichenen, von Launen zerfressenen, immerzu zwischen Schaffensräuschen und Schaffenskrisen hin und her gerüttelten Wesens.

Immanuel Kant legt Wert auf die Erkenntnis, dass das Erhabene sich vor allem in unserem Inneren abspielt und man sich in solcher Zerrissenheit höchst intensiv fühlt. Denn in Wirklichkeit, so behauptet Kant, geht es dabei gar nicht um die himmelhoch aufragenden Felsen und um das Firmament, sondern um ein schaurig-großes Selbstgefühl. Beim Schönen dagegen wenden wir uns etwas anderem als uns selbst zu, nämlich einem Gegenstand, der uns vollkommen vorkommt und keineswegs nur als Anlass dafür dient, wieder einmal in Gedanken abzutauchen, die von ganz gegensätzlichen Gefühlen begleitet werden.

An diesem Punkt setzt auch Eichendorffs Angriff auf einen Subjektivismus ein, der sich in einer Zerrissenheit suhlt, die zutiefst zwischen Ich und Welt, Wunsch und Wirklichkeit, Sein und Sollen empfunden wird. Eichendorff bestreitet nicht, dass es solche Spaltungen gibt, nur vermutet er hinter dem Vorsatz, sie zum allgegenwärtigen Stoff der Kunst machen zu wollen, das Bedürfnis am Werk, sich als Auspeitscher der Menschheit in Szene setzen und die Zerknirschung mit sich und der Welt zur Schau stellen zu wollen.

Wer im Namen des Dissonanten das Schöne als Lug und Trug verdammt, übersieht jedoch leicht, dass auch dem Schönen ein Moment von Trauer eigen ist. Und zwar allein deshalb, weil es die Kluft zwischen dem, wie es sein könnte, und dem, wie es ist, nur umso schmerzhafter offenbart. Mag einen angesichts des Grässlichen und Schrecklichen ein politischer oder moralischer Zerstörungseifer packen oder einem nur noch der Tod als Erlösung erscheinen, so sehnen wir uns im Angesicht des Schönen nach möglichst ewiger Dauer. In seiner

1857 erschienenen *Geschichte der poetischen Literatur Deutschlands* hält Eichendorff fest: »Das eigentliche Wesen aller romantischen Kunst ist das tiefe Gefühl der Wehmut über die Unzulänglichkeit und Vergänglichkeit der irdischen Schönheit.« Damit erweist er sich als ein Romantiker, der unter Romantik keine kunstgeschichtliche Epoche versteht, die auf die Klassik folgt. Romantisch ist für ihn vielmehr jede Kunst, die im Endlichen das Licht der Ewigkeit aufleuchten sieht und es als schmerzhaft empfindet, dass wir seiner auf Erden nur eine kleine Weile teilhaftig sein dürfen. Und deshalb ist auch das Schöne dem Abgründigen verschwistert.

Eichendorff wählt für seine Gedichte absichtlich einen Ton, der alles Subjektivistische zugunsten einer volksliedhaften Sprache so sehr übersteigt, dass auch ein Kind sich von ihr angesprochen fühlen kann. Dass das Schöne bei Eichendorff wenig mit Harmonieseligkeit zu tun hat, erfahren wir spätestens, wenn wir auf der Suche nach bloß schönen Strophen kaum fündig werden. Jenes »Wetterleuchten in der Brust«, von dem man nie genau weiß, was es bedeutet, kennzeichnet seine gesamte Dichtung. Alles, was bei Eichendorff auf Schönes verweist, deutet auch ins Grenzenlose hinaus. Dass von Ankunft und Gewissheit bei ihm keine Rede sein kann, erkennen wir bereits an seinem allgegenwärtigen »Als ob«, dem wir in seinem vermutlich berühmtesten Gedicht *Mondnacht* gleich zweimal begegnen. Es setzt ein mit dem Vers: »Es war, als hätt' der Himmel / Die Erde still geküsst ...«, und endet mit der Strophe:

»Und meine Seele spannte
Weit ihre Flügel aus,
Flog durch die stillen Lande,
Als flöge sie nach Haus.«

Unentwegt heißt es bei Eichendorff »als ob«, »als wollt'«, »als ging'«, »als müsst'«. Einmal ist es, als ob Wald und Bach einem etwas sagen wollten; ein andermal, als ob ich fröhlich sei; dann wieder, als sollt' die Welt vergehn; oder aber: »Die Wälder nur sich leise neigen, / Als ging' der Herr durchs stille Feld«; doch auch: »Das Waldhorn ruft, als rief's nach Dir, / Betrüglich ist der irre Klang«. Etwas Vielversprechendes und zugleich Verstörendes klingt in diesen vielen »Als ob« an, die uns in den Schwebezustand des Konjunktivs, des Bangens und Hoffens, Wünschens und Fürchtens versetzen. Immer erzählen diese Verse auch von etwas Ungewissem, das einen schauen und lauschen lässt. Jene Seele, die sich in ihnen ausspricht, ist stets auf anderes als nur sich selbst gerichtet. Bei allem Bedrohlichen, das ihr auf der Suche nach dem geheimnisvoll Fremden widerfahren könnte, setzt sie jedoch darauf, dass sie am Ende etwas Schönes erwartet.

Dass Eichendorff der politischen und sozialen Welt, so wie sie sich seit dem Ende des Mittelalters entwickelt hat, wenig abgewinnen konnte, ist bekannt. Seine Kritik an den Verhältnissen gleicht zuweilen derjenigen von Marx, nur dass Eichendorff aus seiner Aversion gegen die dem Kapitalismus geschuldete Entzauberung der

Welt einen anderen Schluss zieht und sich in die Vergangenheit zurücksehnt. In seinen Augen ist die Industrialisierung als solche dafür verantwortlich, dass wir uns der Natur immer mehr entfremden und mit rauchenden Schloten und Fabrikkasernen ihre Schönheit zerstören. Dass es so weit gekommen ist, dafür gibt er vor allem solchen dekadenten Adligen die Schuld, die für ihre Untergebenen nicht mehr väterlich zu sorgen bereit waren. Hätten sie sich vorbildlicher verhalten, so glaubt Eichendorff, wäre es auch nie zu Revolutionen gekommen. Der Glaube, man hätte die gute alte feudale Ordnung wie etwas Zeitloses über alle Arten wirtschaftlicher Umwälzung hinweg retten können, lässt Eichendorff naiver erscheinen, als er ist. Dass es sich früher weit weniger Leute als heute leisten konnten, für ein paar Wochen im Jahr den Taugenichts spielen und gen Italien ziehen zu können, muss wie eine Ironie der Geschichte wirken. Nur dass diese Art von Romantik für Eichendorff nicht mehr viel Romantisches besäße, und zwar schon deshalb nicht, weil man dafür Geld ausgeben muss, während sein Taugenichts überall hofiert und bedient wird, ohne dafür je etwas bezahlen zu müssen. Und doch lässt sich unschwer begreifen, warum Eichendorff sich nach einem Leben sehnt, in dem man nicht gleich für alles, was man erhält, sofort einen Gegenwert zu entrichten hat. Denn das wahrhaft Schöne widerfährt einem schlichtweg, fern aller Absichten und allen Wollens, und vor allem ohne die Möglichkeit, es sich erwerben zu können. Sein Erscheinen hat mit Gnade zu tun. Auch deshalb ist Eichendorff überzeugt davon, dass wir jener vielgepriesenen Autonomie des Subjekts, die seit der Neuzeit als höchstes Gut gilt, keinen einzigen Funken Glück und kein einziges Gran Seligkeit verdanken.

Frei sind wir in seinen Augen nur im Angesicht der Natur. Man kann sich in ihr aufgehoben fühlen und angesichts ihrer unergründlichen Unendlichkeit gleichzeitig ehrfürchtige Schauer empfinden. Und deshalb sind dem Schönen die Abgründe des Erhabenen keineswegs fremd. Das Schöne ist bei Eichendorff allein deshalb nicht frei von einer leisen Unheimlichkeit, weil seine Verse stets aufs Neue von solchen Übergängen künden, die vom Sichtbaren ins Unsichtbare, vom Sinnlichen ins Übersinnliche, vom Offenbaren ins Rätselhafte weisen. Weil seine Gedichte aber so klingen, als habe es sie schon immer gegeben und als stammten sie gar nicht von einem bestimmten Dichter, vermögen sie noch dem Unheimlichen etwas Heimeliges abzugewinnen. Weshalb man sie auch jedem Kind vorlesen kann, selbst wenn einen dabei wieder einmal erstaunt, wie dunkel sie bei all ihrer Schönheit sind. In jenen Jahren, da Eichendorff sie schrieb, galt er bereits als ein wenig aus der Zeit gefallen, weil schon damals so einfach und ergreifend kaum noch jemand dichtete. In seiner 1846 veröffentlichten *Geschichte der neueren romantischen Poesie* in Deutschland lesen wir: »In gewissen Zuständen der Kultur ist nichts unverständlicher als das Einfache.«

ZEITTAFEL ZU EICHENDORFFS LEBEN UND WERK

1788 Am 10. März wird Joseph Karl Benedikt Freiherr von Eichendorff als Sohn des preußischen Offiziers Adolf Theodor Rudolf von Eichendorff und seiner Frau Karoline, geb. von Kloch, auf Schloss Lubowitz bei Ratibor (Oberschlesien) geboren.

1793–1801 Erziehung durch den geistlichen Hauslehrer Bernhard Heinke. Umfangreiche Lektüre. Besonders beeindrucken Eichendorff die Gedichte von Matthias Claudius.

1800 Beginn der Tagebuchaufzeichnungen.

1801–1805 Gemeinsam mit dem zwei Jahre älteren Bruder Wilhelm besucht Eichendorff das katholische Gymnasium in Breslau und lebt im St.-Josephs-Konvikt. Häufiger Theaterbesuch und frühe Gedichte.

1805–1806 Er und Wilhelm immatrikulieren sich in Halle zum Jurastudium. Außerdem Studien bei Friedrich August Wolf, Friedrich Schleiermacher und Henrich Steffens.

1806 Als Napoleon die Universität Halle nach der Niederlage von Jena auflöst, kehren die Brüder im August nach Schloss Lubowitz zurück.

1807 Im Mai setzen sie ihr Studium in Heidelberg fort. Eichendorff hört rechtswissenschaftliche Vorlesungen bei Anton Justus Friedrich Thibaut, aber auch Ästhetik bei Joseph Görres. Freundschaft mit dem Dichter Otto Heinrich Graf von Loeben.

1808 Reisen der Brüder nach Paris und Wien. Im Juli Rückkehr nach Lubowitz, um dem Vater bei der Bewirtschaftung der Güter zu helfen. Unter dem Pseudonym Florens veröffentlicht Eichendorff zum ersten Mal einige Gedichte in einer Zeitschrift.

1809 Verlobung mit Luise von Larisch. Im November mit dem Bruder auf Einladung Loebens in Berlin, wo Eichendorff Vorlesungen von Fichte hört und mit Achim von Arnim, Clemens Brentano, Heinrich von Kleist und Adam Müller zusammentrifft.

1810 Im Oktober gehen die Brüder nach Wien, um ihr Studium zu beenden. Eichendorff kommt mit der Familie Friedrich Schlegels in engeren Kontakt. Mit dem Sohn Dorothea Schlegels, Philipp Veit, befreundet er sich.

1812 Eichendorff beendet den Roman *Ahnung und Gegenwart*. Die Brüder schließen ihr Jurastudium ab.

1813 Wilhelm wird österreichischer Beamter. Joseph meldet sich als Freiwilliger für die Lützowschen Jäger (im Freikorps) und nimmt an den Befreiungskriegen teil.

1815 Im April heiratet er Luise von Larisch. Geburt des Sohnes Hermann Joseph. *Ahnung und Gegenwart* erscheint.

1816 Nach Kriegsende wird Eichendorff Referendar bei der Regierung in Breslau.

1817 Geburt der Tochter Marie Therese Alexandrine.

1818 Tod des Vaters. Die Erzählung »Das Marmorbild« wird in Fouqués *Frauentaschenbuch für 1819* veröffentlicht.

1819 Eichendorff wird Regierungsassessor in Breslau. Geburt des Sohnes Rudolf Joseph Julius.

1821 Anstellung als Konsistorial- und Schulrat in Danzig. Geburt der Tochter Agnes Clara, die im darauffolgenden Jahr stirbt.

1822 Tod der Mutter.

1823 *Krieg den Philistern. Dramatisches Märchen in fünf Abenteuern*

1824 Eichendorff wird zum Oberpräsidialrat in Königsberg ernannt.

1826 *Aus dem Leben eines Taugenichts*

1828 *Meierbeths Glück und Ende. Tragödie mit Gesang und Tanz. Ezelin von Romano* (Trauerspiel)

1830 *Der letzte Held von Marienburg* (Trauerspiel). Geburt der Tochter Anna Hedwig Josephine.

1832 Tod der Tochter Anna Hedwig Josephine. Eichendorff wird als Regierungsrat im Kultusministerium nach Berlin versetzt. Die Erzählung *Viel Lärmen um Nichts* erscheint.

1833 *Die Freier* (Lustspiel). Eichendorff beginnt, im von Chamisso und Gustav Schwab herausgegebenen *Deutschen Musenalmanach* Gedichte zu publizieren.

1834 *Dichter und ihre Gesellen* (Erzählung)

1836 *Das Schloss Dürande* erscheint. *Taschenbuch auf das Jahr 1837.*

1837 Veröffentlichung der ersten Sammlung *Gedichte* in Eichendorffs Anordnung. Zahlreiche Gedichte sind zu Volksliedern geworden.

1840 Eichendorffs Übersetzung der im 14. Jahrhundert entstandenen spanischen Erzählung *Der Graf Lucanor* von Juan Manuel wird publiziert.

1841 Erste Gesamtausgabe der *Werke* in vier Bänden. Ernennung zum Geheimen Regierungsrat.

1844 Eichendorff wird aus gesundheitlichen Gründen pensioniert.

1846 Er ist bis zum Sommer 1847 in Wien und trifft mit Franz Grillparzer und Adalbert Stifter zusammen. Der erste Band mit von ihm übersetzten Geistlichen Schauspielen Calderóns erscheint.

1847 *Über die ethische und religiöse Bedeutung der neueren romantischen Poesie in Deutschland*

1849 Sein Bruder Wilhelm stirbt.

1851 *Der deutsche Roman des 18. Jahrhunderts in seinem Verhältnis zum Christentum*

1853 Das Epos *Julian* und der zweite Band der Calderón-Übersetzungen werden veröffentlicht. Eichendorff wird mit dem Maximiliansorden für Wissenschaft und Kunst geehrt.

1854 *Zur Geschichte des Dramas*. In Berlin begegnet er Theodor Fontane, Paul Heyse und Theodor Storm.

1855 Tod seiner Frau Luise. Übersiedlung nach Neiße zur Familie seiner Tochter Therese. *Robert und Guiscard* (Epos).

1857 *Geschichte der poetischen Literatur Deutschlands*. Eichendorff stirbt am 26. November in Neiße.

ZUM HERAUSGEBER

Karl-Heinz Ott wurde 1957 in Ehingen an der Donau geboren. Er studierte Philosophie, Germanistik und Musikwissenschaft. Anschließend arbeitete er als Dramaturg an den Theatern in Freiburg, Basel und Zürich. 1998 erschien sein Romandebüt *Ins Offene*, das mit dem Hölderlin-Förderpreis sowie dem Thaddäus-Troll-Preis ausgezeichnet wurde. Für seinen Roman *Endlich Stille*, der 2005 bei Hoffmann und Campe veröffentlicht wurde, erhielt er den Alemannischen Literaturpreis, den Candide-Preis sowie den Preis der LiteraTour Nord. 2008 erschien sein dritter Roman *Ob wir wollen oder nicht*. Außerdem veröffentlichte er *Heimatkunde. Baden* (2007) und *Tumult und Grazie. Über Georg Friedrich Händel* (2008). 2010 wurde am Nationaltheater Mannheim das von Theresia Walser und ihm gemeinsam geschriebene Stück *Die ganze Welt* uraufgeführt. Zeitgleich mit dem vorliegenden Band erschien Otts Roman *Wintzenried* bei Hoffmann und Campe. Karl-Heinz Ott lebt in Freiburg.

VERZEICHNIS DER GEDICHTÜBERSCHRIFTEN

Abend   41
Abend   49
Abendlandschaft   70
Abschied   66
Abschied   76
An die Entfernte   25
An die Freunde   39
An Fouqué   28
Das kranke Kind   55
Der armen Schönheit Lebenslauf   10
Der Einsiedler   60
Der frohe Wandersmann   45
Der Gärtner   46
Der Jäger Abschied   22
Der Kranke   21
Der stille Grund   62
Der traurige Jäger   77
Der Unbekannte   89
Der verirrte Jäger   36
Der verspätete Wanderer   95
Der Wachtturm   87
Die heilige Mutter   92
Die verlorene Braut   78
Dryander mit der Komödiantenbande   59

Durch! 86
Es saß ein Mann gefangen 20
Frühlingsfahrt 43
Frühlingsgruß 69
Frühlingsklänge 57
Glückliche Fahrt 51
Heimkehr 17
Im Abendrot 72
Im Alter 91
Im Walde 65
In der Fremde 37
Lied 16
Madrigal 9
Mittagsruh 38
Mondnacht 61
Morgengebet 58
Morgenlied 34
Nach einem Balle 14
Nachtgebet 74
Nachtlied 31
Nachts 50
Nachts – Danzig 1843 93
Neue Liebe 71
O Herbst, in linden Tagen 73
Ständchen 29
Sterbeglocken 54
Sonett 19
Todeslust 84
Tritt nicht hinaus jetzt vor die Tür 52

Vesper 53
Waffenstillstand der Nacht 40
Warnung 32
Wehmut 24
Weihnachten 75
Winter 47
Wo ruhig sich und wilder 68
Wünschelrute 64
Zauberei der Nacht 94
Zum Abschied 85
Zwielicht 27

VERZEICHNIS DER GEDICHTANFÄNGE

Abendlich schon rauscht der Wald 76
Bevor er in die blaue Flut gesunken 84
Dämmrung will die Flügel spreiten 27
Denk ich, Du Stille, an Dein ruhig Walten 25
Der Herbstwind schüttelt die Linde 85
Der Hirt bläst seine Weise 70
Der Jugend Glanz, der Sehnsucht irre Weisen 39
Der Mondenschein verwirret 62
Der Tanz, der ist zerstoben 14
Die Abendglocken klangen 53
Die arme Schönheit irrt auf Erden 10
Die Gegend lag so helle 55
Dunkle Giebel, hohe Fenster 93
Ein Adler saß am Felsenbogen 86
Ein Stern still nach dem andern fällt 34
Es ist ein Meer, von Schiffen irr' durchflogen 92
Es rauschte leise in den Bäumen 74
Es saß ein Mann gefangen 20
Es steht ein Berg in Feuer 69
Es war, als hätt' der Himmel 61
Es zog eine Hochzeit den Berg entlang 65
Es zogen zwei rüst'ge Gesellen 43
Gestürzt sind die gold'nen Brücken 41
Herz, mein Herz, warum so fröhlich 71

Hörst du nicht die Quellen gehen 94
Ich hab' geseh'n ein Hirschlein schlank 36
Ich hör' die Bächlein rauschen 37
Ich kann wohl manchmal singen 24
Ich sah im Mondschein liegen 87
Ich wandre durch die stille Nacht 50
In einem kühlen Grunde 16
Komm' Trost der Welt, du stille Nacht! 60
Markt und Straßen steh'n verlassen 75
Mich brennt's an meinen Reiseschuh'n 59
Nun legen sich die Wogen 54
O Herbst, in linden Tagen 73
O Strom auf morgenroten Matten! 9
O Täler weit, o Höhen 66
O wunderbares, tiefes Schweigen 58
Schlafe, Liebchen, weil's auf Erden 29
Schläft ein Lied in allen Dingen 64
Schweigt der Menschen laute Lust 49
Seh ich des Tages wirrendes Beginnen 28
Sind's die Häuser, sind's die Gassen? 17
Soll ich dich denn nun verlassen 21
Tritt nicht hinaus jetzt vor die Tür 52
Über Bergen, Fluß und Talen 38
Vater und Kind gestorben 78
Vergangen ist der lichte Tag 31
Vom Dorfe schon die Abendglocken klangen 89
Vom Münster Trauer-Glocken klingen 57
Wann der kalte Schnee zergangen 32
Wem Gott will rechte Gunst erweisen 45

Wer hat dich du schöner Wald   22
Wie von Nacht verhangen   47
Wie wird nun Alles so stille wieder!   91
Windsgleich kommt der wilde Krieg geritten   40
Wir sind durch Not und Freude   72
Wir sind so tief betrübt, wenn wir auch scherzen   17
Wohin ich geh' und schaue   46
Wo ruhig sich und wilder   68
Wo werd' ich sein im künft'gen Lenze?   95
Wünsche sich mit Wünschen schlagen   51
Zur ew'gen Ruh sie sangen   77